AF591875

NOTICE GÉNÉALOGIQUE

SUR LA FAMILLE

DE FLAVIGNY DE LIEZ

PAR

FERNAND DU GROSRIEZ

AMIENS
TYPOGRAPHIE DELATTRE-LENOEL
32, RUE DE LA RÉPUBLIQUE, 32

1884

NOTICE GÉNÉALOGIQUE

SUR LA FAMILLE

DE FLAVIGNY DE LIEZ

PAR

FERNAND DU GROSRIEZ

R.F. BIBLIOTHÈQUE NATIONALE

AMIENS
TYPOGRAPHIE DELATTRE-LENOEL
32, RUE DE LA RÉPUBLIQUE, 32

1884

Extrait de LA PICARDIE, *revue historique et littéraire.*
(Mai et Juin 1884).

NOTICE GÉNÉALOGIQUE

SUR LA

FAMILLE DE FLAVIGNY DE LIEZ

AVANT-PROPOS.

Le *Nobiliaire de Picardie*, imprimé en 1691, contient, pages 198 et 199, sous le nom de Flavigny les articles suivants :

« Flavigny.

« Cæsar-François de Flavigny, vicomte de Renansart » où il demeure, élection de Laon ; et Claude de Fla» vigny, seigneur de Ribauville, demeurant à Bray ; ont » fait preuve de huit races depuis l'an 1447, vivant » Jacquemart de Flavigny, escuyer, seigneur de Ribau» ville son sixième ayeul, qui avait pour père Emery de » Flavigny, escuyer, seigneur de Ribauville, gouverneur » de Guise en 1398, pour Louis de France, duc d'Anjou, » comte de Guise, roy de Naples et de Sicile ; et pour » ayeul Etienne de Flavigny, chevalier d'honneur du » roy Charles VI en 1380, ainsi qualifié dans un arrest » du Parlement du 11 février 1384.

» Philippes de Flavigny, seigneur de Liez où il demeure, » élection de Laon ; a produit des titres de cinq races » depuis l'an 1510. Il est de cette maison, aussi bien » que les seigneurs d'Isaucourt.

» Porte *échiqueté d'argent et d'azur, à l'écusson de* » *gueules posé en abisme.* »

« FLAVIGNY.

» Marie de Lizine, veuve de Valentin de Flavigny, sei-» gneur de Chambry et leurs enfants; lesquels tirent » leur origine de leur bisayeul, annobli par lettres du » roy Henri III du mois d'aoust 1586, confirmées le 21 » décembre 1607. »

Il ressort de ces courtes notices qu'il existait trois familles distinctes sous le même nom de Flavigny :

1° Celle de Flavigny, vicomtes de Renansart, qui porte pour armoiries *échiqueté d'argent et d'azur*, supports et cimier : *trois griffons d'or langués de gueules.*

2° Celle de Flavigny de Chambry, qui porte *échiqueté d'argent et d'azur à l'écusson de gueules en abîme, à la bordure de sable* ; supports et cimier : *trois levriers d'argent, leurs colliers de gueules bouclés et cloués d'or.*

3° Enfin celle de Flavigny de Liez, dont le *Nobiliaire de Picardie* affirme avec les vicomtes de Renansart une origine commune que nos recherches ne nous ont pas permis de constater. Elle portait *échiqueté d'argent et d'azur à l'écusson de gueules posé en abîme* (1), supports et cimier : *trois lions d'or lampassés de gueules.*

C'est ainsi que sont décrites ces armoiries dans la

---

(1) La pierre tombale de François du Passage, seigneur de Charmes, et d'Anne de Flavigny, existant dans l'église de Charmes, ne porte pas cet écusson en abîme.

recherche générale des années 1666 et suivantes, exécutée par M. Dorieu, intendant de la généralité de Soissons.

Elles sont presque semblables entre elles, et les pièces qui les modifient sembleraient n'être que des brisures, adoptées pour distinguer les différentes branches issues d'une même souche : de plus ces trois familles qui tirent leur nom des villages de Flavigny-le-Grand et le-Petit, près de Guise, n'ont cessé d'habiter le même pays, les environs de Saint-Quentin, de la Fère et de Laon. L'hypothèse d'une communauté d'origine en devient dès lors d'autant plus probable, sans cependant qu'aucun document nous ait permis d'arriver à une certitude.

La généalogie de la famille de Flavigny-Renansart, vicomtes de Renansart et de Monampteuil, barons d'Aubigny, seigneurs de Ribauville, etc. a été produite au mois de juillet 1668 devant Caumartin, intendant en Champagne ; elle fait partie des recherches de la noblesse de cette province.

Le procès-verbal des preuves de Malte de 1784 pour « noble Louis-Ange de Flavigny Monampteuil, reçu de minorité au rang des chevaliers de justice en la vénérable langue et grand prieuré de France », a permis d'établir une généalogie très détaillée, qui a été publiée dans le XIe volume de l'*Armorial général* de d'Hozier ou *Registre de la noblesse de France*, continué par M. le président d'Hozier, ancien juge d'armes de France et vérificateur des armoiries près le Conseil du Sceau et M. le comte Charles d'Hozier, son frère. Paris, 1847, gr. in-8° et Paris, chez L'Ecureux, rue St-André-des-Arts, 22.

Elle figure également d'une manière plus succincte,

dans le registre septième, complémentaire de l'*Armorial général* des d'Hozier ou *Registres de la noblesse de France*, réimprimé en 1869 chez Firmin-Didot frères.

Dusevel, dans son ouvrage sur les *Eglises, Châteaux, Beffrois et Hôtels-de-Ville les plus remarquables de la Picardie et de l'Artois*, avait consacré un chapitre au château, à l'église et aux anciens seigneurs de Renansart.

Il existe en outre à la Bibliothèque nationale une notice intitulée : *Généalogie de la maison de Flavigny (Vermandois et Normandie)*, Paris, Imp. Aug. Vallée, 15, rue de Bréda, 1868 (sans nom d'auteur). On y voit figurer une branche fixée en Normandie, qui compte encore des représentants de nos jours et dont l'auteur serait Charles Flavigny, S^r des Fourneaux, 3e fils d'Elion de Flavigny, Sr de Ribauville, Vte de Renansart, et de Jacqueline du Puy. Les armoiries seraient celles des Flavigny de Chambry, que la branche de Normandie brise en chargeant l'écusson en abîme d'une fleur de Lys d'argent.

La famille de Flavigny-Renansart a pour auteur certain Etienne de Flavigny, chevalier d'honneur du roi Charles VI, suivant arrêt du Parlement de Paris du 11 février 1384. Elle s'est divisée en deux branches principales, l'aînée des vicomtes de Renansart, et la cadette des vicomtes de Monampteuil, seule survivante aujourd'hui en la personne de Louis-Philippe-Gustave fils de Louis-Ange, vicomte de Flavigny-Monampteuil, et d'Isidore-Marie-Félicité-Joseph Walsh de Serrant.

C'est à la première branche qu'appartenait Louis-Agathon, comte de Flavigny, vicomte de Renansart, seigneur de Cugny, né à Cugny le 17 janvier 1722, lieutenant général des armées du Roi, grand croix de Saint-Louis, ministre plénipotentiaire à Parme où il est mort le 12 janvier 1793. On l'appelait à la Cour *le beau Flavigny* et la famille possède de lui un portrait en miniature d'après lequel on a reproduit les lithographies qu'on connaît.

La branche aînée qui a produit devant Dorieu portait, comme nous l'avons dit, *échiqueté d'argent et d'azur*.

Les barons d'Aubilly portaient *échiqueté d'or et d'azur* ainsi que les branches dont les preuves ont été vérifiées devant M. de Caumartin.

La branche des vicomtes de Monampteuil portait *échiqueté d'or et d'azur à l'écusson de gueules posé en abîme.*

La seconde famille de Flavigny, que nous voyons figurer dans les ouvrages héraldiques, est celle des seigneurs de Chambry et de Malaise.

On la trouve au tome VI de l'*Armorial général* de d'Hozier et au tome VI également de la 2e édition du *Dictionnaire de la Noblesse* de la Chesnaye des Bois.

D'après d'Hozier, sa noblesse est justifiée par titres originaux depuis Guillaume de Flavigny, seigneur de Puisart ou d'Espuisart, conseiller au siège présidial de Laon, qui reçut des lettres de confirmation de noblesse et annoblissement en tant que besoin, du mois d'août 1586.

D'après la Chesnaye des Bois, sa filiation est établie depuis Godefroy de Flavigny et Regnault son frère, qualifiés dès l'an 1089 du titre de chevalier, comme il appert par charte et autres titres vus en l'abbaye de Foigny, proche le village de Chigny dont ils étaient seigneurs. Elle a été maintenue par Dorieu le 29 novembre 1668.

C'est à cette famille qu'appartiennent : « Jacquemart de » Flavigny, chevalier, seigneur de Chigny, gouverneur » de Guise, et cotisé, pour sa part de la rançon du roi » Jean pris à la bataille de Poitiers au doyenné de » Guise, à la somme de 1,000 livres tournois » (1) ;

Valérien de Flavigny, docteur en théologie de la maison et société de Sorbonne, conseiller et professeur du roi en langue hébraïque en l'Université de Paris et doyen des professeurs du roi au Collège royal de France en 1662 (2) ;

Gratien-Jean-Baptiste-Louis (3), vicomte de Flavigny, lieutenant-colonel de dragons, littérateur et traducteur, né à Craonne, en Laonnais, le 11 octobre 1741, mort en 1803 (4) ;

---

(1) Voir le *Dictionnaire de la Noblesse* de la Chesnaye-des-Bois, art. Flavigny.

(2) On lui doit : *Quatre lettres sur l'édition projetée de la bible polyglotte de Le Jay*, 1632. — *Discours apologétique sur la fidélité de la version hébraïque*, publiquement prononcé au Collège royal le 11 février 1646. — *Une diatribe contre le père Marin, jésuite*. Paris, 1666. — *Un pamphlet en faveur de la thèse soutenue par Louis de Clèves sur l'épiscopat*, 1668, in-4°, et une bonne édition des œuvres de Guillaume de St-Amour, célèbre docteur du XIIIe siècle.

(3) C'est à tort que le *Dictionnaire historique du département de l'Aisne*, par Melleville, le désigne sous le nom de *César-François*.

(4) Il a publié : 1° *Réflexion sur la désertion et sur la peine des déserteurs*, 1768, in-8°. — 2° *Principes fondamentaux de la construction des places*, 1775, in-8°. — 3° la *Correspondance de Fernand Cortez avec l'empereur Charles-Quint, sur la conquête du Mexique*, 1779.

On lui doit en outre plusieurs traductions, notamment l'*Examen de la Poudre*, 1773, in-8°, traduit de l'italien d'*Antoni* et une Introduction à l'histoire naturelle et à la géographie de l'Espagne.

Et de nos jours : Marie-Sophie-Catherine de Flavigny, comtesse d'Agoult, auteur littéraire sous le pseudonyme de Daniel Stern (1) ; — et Charles-Adolphe-Maurice, comte de Flavigny, pair de France sous Louis-Philippe et président pendant la guerre de 1870-71 de la Société internationale de secours aux blessés des armées de terre et de mer, mari de la comtesse de Flavigny, née Louise-Mathilde de Montesquiou-Fezensac, auteur de plusieurs livres de piété qui sont entre les mains de toutes les familles chrétiennes.

Le dernier représentant de cette famille est actuellement le comte Emmanuel de Flavigny, ancien préfet du Cher, sous la présidence de M. Thiers.

Voici maintenant la filiation inédite des derniers degrés de cette famille, à partir de Gratien-Jean-Baptiste-Louis, dont la naissance figure au degré VII de la généalogie de l'*Armorial général* de d'Hozier, tome VI.

Degré VII.

Gratien-Jean-Baptiste-Louis de Flavigny, écuyer, vicomte de Flavigny, chevalier de Saint-Louis, lieutenant-colonel de Dragons, né à Craonne (en Laonnais), le 11 octobre 1741, mort en 1783.

---

(1) Ouvrages de Daniel Stern : *Mes souvenirs*, 1806-1833 ; — *Mélida*, 1845 ; — *Lettres républicaines*, 1848 ; — *Esquisses morales et politiques*, 1849 ; — *Histoire de la Révolution, etc.* 1848 ; — *Trois journées de la vie de Marie Stuart*, 1856 ; — *Florence et Turin* (art et politique) ; — *Jeanne d'Arc*, drame historique.

Il est l'auteur de plusieurs ouvrages qui sont cités plus haut (1).

Marié en Suisse, par contrat du 12 mai 1768, à Sophie-Elisabeth *Huguenin*, fille de Moïse-François né *Communier du Locle* (2) et d'Elisabeth Guldimann,

dont :

Alexandre-Victor-François qui suit.

Degré VIII.

Alexandre-Victor-François de Flavigny, écuyer, vicomte de Flavigny, né à Genève le 11 septembre 1770, sous-lieutenant au régiment de Colonel-Général de l'infanterie française et étrangère par brevet du 12 mai 1782.

Marié à Francfort le 29 septembre 1797 à Marie-Elisabeth *Bethmann*, fille de Johann-Philipp, banquier, et de Catherine Shaïf, veuve de Jacob Busman,

dont :

1° Charles-Adolphe-Maurice qui suit ;

2° Marie-Sophie-Catherine, femme de lettres sous le pseudonyme de Daniel Stern, mariée en 1827 à Charles-Louis-Constant comte d'Agoult, colonel de cavalerie, commandeur de la Légion d'honneur, né au château d'Arpaillargues près Uzès (Gard), le 13 janvier 1790, fils de Charles-Louis, capitaine des vaisseaux du Roi et de Jeanne-Perrine Bouché.

---

(1) Voir la note 4 de la page 220.

(2) Voir *Mes Souvenirs, 1806-1833*, par Daniel Stern (Madame d'Agoult), 3e édition, appendice II, page 378.

Degré IX.

Charles-Adolphe-Maurice, comte de Flavigny, né le 3 décembre 1779, mort le 9 octobre 1873 au château du Mortier, à Monnaie (Indre-et-Loire), député d'Indre-et-Loire sous la Restauration, pair de France le 25 décembre 1841, président de la Société internationale de secours aux blessés de terre et de mer en 1870-1871.

Marié le 8 juillet 1830 à Louise-Mathilde de *Montesquiou-Fézensac*, fille de Raymond-Aimery-Philippe-Joseph de Montesquiou, duc de Fézenzac, lieutenant général des armées du Roi, commandeur de Saint-Louis et de la Légion d'honneur, membre de la Chambre des Pairs le 11 novembre 1832, et de Henriette Clarke, fille du duc de Feltre. Elle est morte à Paris le 1er mai 1883 (1);

dont :

1° Emmanuel qui suit;

2° Marie-Elisabeth, mariée à Charles-Gustave-Henri-Joseph Le Lièvre, marquis de la Grange, fils de Auguste-François-Joseph et de la princesse Nathalie-Irène-Marie-Victurnienne de Beauvau ;

3° Oriane-Marie-Blanche, née à Paris le 13 mai 1835, mariée en avril 1853 à Artus-Charles-César, vicomte de la Panouse, né le 12 juin 1821, fils de Alexandre-César comte de la Panouse, pair de France, et de Anastasie-Charlotte de Pleinselve.

4° Marie-Elisabeth-Marguerite, mariée à Paris le 3 mars 1866 au vicomte Louis-Antoine de Simard de Pitray,

---

(1) C'est elle qui est l'auteur de plusieurs ouvrages de piété.

colonel commandant le 2e régiment de chasseurs, fils de Louis-Antoine-Pierre-Nicolas et de Hélène-Victorine Bellumeau de la Vincendière.

Degré X.

Emmanuel-Raymond-Auguste-Gaspard, comte de Flavigny, né à Paris le 11 juillet 1838, préfet du Cher en 1871, marié en l'église de la Madeleine à Paris le jeudi 23 janvier 1862 à Catherine-Clotilde *Moitessier*, fille de N... et de Inès de Foucault.

La troisième et dernière famille de Flavigny, dont il reste à parler, est celle des seigneurs de Liez, Méry, Espourdon, Charmes, etc.

Nous n'avons vu jusqu'ici sa généalogie figurer dans aucun nobiliaire. Le *Dictionnaire historique du département de l'Aisne*, par Melleville, 1865, articles de *Liez* et de *Charmes*, en donne quelques fragments.

Un manuscrit moderne de M. de Flavigny-Renansart renfermant les généalogies d'un grand nombre de familles des provinces du Soissonnais et de la Picardie, la contient en entier ; on le trouve à la bibliothèque de Laon. C'est ce manuscrit que nous avons eu la pensée de publier, en le complétant encore par les quelques additions que nos recherches personnelles aux greffes des mairies de Charmes et de la Fère, palais de justice de Laon, études de notaires, etc., nous ont permis d'y apporter.

Cette famille, maintenue par Dorieu le 9 juillet 1667, est originaire du Cambrésis. Sa communauté d'origine avec la famille de Flavigny du Cambrésis, dont il est question dans l'histoire de cette province par Le Carpentier, paraît prouvée par la conformité des armes (1).

La maison de Flavigny de Liez a pour auteur connu Jean de Flavigny, écuyer, seigneur de Méry, qui donne aveu et dénombrement du fief de Méry, mouvant de la ville et chatellenie de Vervins le 20 octobre 1510 ; et sa filiation est établie dans les preuves de page, qui furent faites en 1748 par Charles-François de Flavigny.

Elle s'est divisée en deux branches dont l'aînée, celle des marquis de Flavigny s'éteignit à Abbeville en la personne de Adolphe-Louis-Ange-Marie, décédé le 31 mai 1844 ; et la cadette, celle des comtes de Flavigny, seigneurs de Charmes, sur l'échafaud de la place du Trône le 6 thermidor an II, en la personne de Anne-Louis-Jean, vicomte de Flavigny (2), guillotiné avec sa sœur, la comtesse des Vieux (3).

C'est à cette famille qu'appartiennent : Philippe de Flavigny, chevalier, seigneur de Liez, conseiller et maître d'hôtel ordinaire du roi par lettres données à Grenoble le 26 septembre 1639 ;

Charles-François de Flavigny, page du roi de la petite écurie en 1748, maréchal de camp ;

Et Marie-Françoise-Geneviève de Flavigny, prieure des dames religieuses aux Filles-Dieu, en l'ordre de Fontevrault à Paris, en 1780.

---

(1) Les armes des Flavigny du Cambrésis sont, d'après Le Carpentier : *échiqueté d'argent et d'azur, à l'écusson de gueules.*

(2) Il n'a laissé que des filles, et son père le comte de Flavigny vivait encore au moment de la mort de son fils.

(3) Daniel Stern, page 12 de ses *Souvenirs*, cite à tort le vicomte de Flavigny et sa sœur la comtesse des Vieux comme appartenant à sa famille.

PREMIÈRE BRANCHE.

Marquis DE FLAVIGNY,

Seigneurs de *Méry*, *Liez*, *Espourdon*, *Aubermont*, *Remigny*, *Caulers*, *Lanchères*, *Hurt*, *Eslincourt*, *Charmes*, *Tourneville*, *Travecy*, *Verneuil*. etc...

I Degré.

Jean de Flavigny, écuyer, seigneur de Méry (1), donna aveu et dénombrement du fief de Méry mouvant de la ville et châtellenie de Vervins à haut et puissant seigneur Raoul de Coucy le 20 octobre 1510. Le nom de sa femme est ignoré. Il eut pour fils Rolland qui suit.

II Degré.

Rolland de Flavigny, écuyer, seigneur de Méry, Tartiers en partie (près Soissons) et Chevennes en partie (près Vervins) (*), est qualifié archer des ordonnances du Roi sous Monseigneur de la Roche du Maine (2), le 7 mai

---

(1) Du quel fief Méry séant entre Dercy et Erlon (près Marles) étaient tenus plusieurs fiefs dont un séant à Toulis et deux en la ville de Dercy (*). (Tous les faits désignés par (*) sont énoncés aux manuscrits de la Bibliothèque nationale, fonds d'Hozier.)

(2) Charles Tiercelin, seigneur de la Roche du Maine, chevalier de l'ordre du Roi, maréchal de ses camps et armées.

1544, dans une procuration donnée par lui (*) ; il servit le 15 juillet 1544 dénombrement de son fief de Méry à haut et puissant seigneur Raoul de Coucy.

Marié avant 1554 (1) à Jacqueline *du Puis* (2), fille de Richard, écuyer, seigneur de Chevennes, des Tournelles, Roye sur Matz, Comont, Manicamp, Bénay, Tartiers, etc., dont :

1° Nicolas, écuyer, seigneur de Méry (3) mort avant 1604 (*).

2° Ferry qui suit;

3° Rolland, écuyer, seigneur de Bricquenay, Fresnoy, Méry en partie, Liez en partie. En 1604, il demeurait à Bricquenay, paroisse de Trosly-aux-Bois, baillage de Coucy (4).

---

(1) Il était marié avec Jacqueline du Puys le 10 janvier 1554, date d'une transaction où il figure avec sa femme. Cette transaction faite entre Charlotte du Puys veuve de Antoine de Fressencourt, écuyer, seigneur de Bricquenay, d'une part ; et Rolland de Flavigny et Jacqueline du Puys sa femme, sœur de ladite Charlotte demeurant à Erlon, d'autre part ; à l'occasion des successions de Richard du Puys leur père et de leurs frères et sœurs, comprenant les terres, seigneuries et héritages de Chevennes, des Tournelles, Roye sur Matz, Comont, Manicamp, Bénay, Tartiers et Liez (*).

Feu Nicolle du Puys, chanoine de St-Quentin, seigneur de Liez, avait acheté la seigneurie de Chévennes à Claude de Fay, écuyer, seigneur de Puisieux, d'après la dite transaction ; un tiers dans le quart de cette seigneurie échut à Jacqueline du Puys.

(2) Voir à l'Appendice les armoiries des alliances.

(3) Il rendit les foi et hommage de sa terre de Méry le 16 juin 1581 à Jacques de Coucy, chevalier de l'ordre du Roi, gentilhomme ordinaire de sa chambre, seigneur de Vervins (*),

(4) Rolland de Flavigny demeurant à Versigny près la Fère, au nom et comme fondé de pouvoirs de Philippe de Flavigny son neveu, rendit

Marié 1° en 1588 à Charlotte Oger de Cavoie, veuve de Charles de Wallon, écuyer (*) et fille de Jean, écuyer, seigneur de Cavoie et de Bus de Villiers, et de Anne le Paige de Hédouville ; 2° par contrat du 10 mai 1599, par-devant Me Lugle du Feu, notaire royal au bailliage de Montdidier, à Aliénor de Parthenay, veuve de Josué de Saillant, écuyer, seigneur dudit lieu ; et fille de François, écuyer, seigneur d'Ainval et de Septoutre, et de Barbe d'Ainval. (*)

III Degré.

Ferry de Flavigny, écuyer, seigneur de Liez, Epourdon en partie, Méry en partie et autres lieux, devint seul possesseur de la seigneurie de Liez par un échange fait avec son frère Rolland, le 25 novembre 1598 (1) ; il était mort avant 1619 (*).

Marié par contrat du 23 septembre 1588 (par-devant

---

le 16 Mai 1619 les foi et hommage de la part du fief de Méry, échu audit Philippe par la mort de son père, à René du Bec, chevalier des ordres du Roi, capitaine de cinquante hommes d'armes de ses ordonnances, marié à Isabeau de Coucy (*).

(1) Par deux actes dont le dernier est du 3 septembre 1588, noble seigneur François de Fressencourt, seigneur de Bricquenay et de Trosly en partie, gentilhomme de la vénerie du Roi, maître d'hôtel de Monseigneur le duc d'Aumale, fit don à Ferry et à Rolland de Flavigny frères, ses cousins, de la terre de Liez tenue en relief, foi et hommage de la couterie du chapitre de l'église collégiale de St-Quentin (*). La terre de Liez avait droit de haute, moyenne et basse justice (*). Il fit hommage le 30 octobre 1604, tant pour lui que pour et au nom de Rolland de Flavigny, son frère, du fief de Méry à Guillemette et à Isabeau de Coucy, filles de défunt Jacques de Coucy (*).

Mes Jean Floureau et Jean de Donnay, notaires au baillage de Coucy) à Magdeleine *de Wallon*, fille de feu Charles, écuyer, seigneur de Fresnoy et d'Epourdon en partie, et de Charlotte Oger de Cavoie, alors femme de son frère Rolland (*),

dont :

1° Philippe qui suit ;

2° Ferry, écuyer, seigneur d'Epourdon en partie, enseigne et lieutenant de la Mestre-de-camp au régiment de Normandie en date des 4 septembre 1632 et 20 septembre 1633 (*), mort avant le 15 juin 1640 (*) ;

3° Charles, écuyer, mort jeune avant 1640 ;

4° Anne, inhumée le 5 mai 1663, dans la chapelle de la Vierge de l'église de Charmes, mariée par contrat du 18 février 1643 (par-devant Me Le Hugon, notaire à Chauny) à François du Passage, écuyer, seigneur de Charmes, successivement aide de camp des armées du Roi, capitaine de cavalerie au régiment de Gassion, lieutenant-colonel au régiment de Manicamp, major de la ville et citadelle de Brissac et lieutenant pour le Roi de la ville de Colmar, décédé à Charmes le 20 janvier 1679, fils de Jean, chevalier, seigneur de Charmes et de Marie d'Ey (ou d'Y) ;

5° Marie (1), mariée avant 1648 à Charles de Ligny, chevalier, seigneur de Ruy ou Druy ;

6° et 7° Charlotte et Françoise mortes en bas-âge avant 1640.

---

(1) Elle eut dans son partage le fief sis à Erlon.

(2) Ainsi qualifié dans un bail du 20 mai 1622.

R.F.

IV Degré.

Philippe de Flavigny, chevalier, seigneur de Liez, Aubermont (près la Capelle), Remigny (près la Fère), Canlers, Méry, Epourdon en partie (2), né le 16 janvier 1601, gentilhomme ordinaire de Monseigneur César duc de Vendôme en 1622, écuyer, puis commandant les gardes du duc François de Beaufort en 1635 et 1636 (1), se distingua en cette qualité à l'armée de Flandres en 1635, à l'armée de Picardie et au siège de Corbie en 1636 ; conseiller et maître d'hôtel ordinaire du Roi par lettres données à Grenoble du 26 septembre 1639. Il vendit, conjointement avec ses sœurs Anne et Marie, par acte du 15 juin 1640, la seigneurie d'Epourdon à Nicolas de Gorgias, chevalier (*).

Marié en premières noces à Catherine *de Martigny*, fille de Antoine, chevalier, seigneur de Warescourt, du Bois-Fay et de la plaine Festieux, conseiller du Roi, maître particulier des eaux et forêts, lieutenant particulier de Laon (2), et de Catherine de Mange dame de Berlaucourt ;

---

(1) De deux certificats donnés par François de Vendosme, duc de Beaufort, en date des 2 décembre 1635 et 3 novembre 1636, il résulte que Philippe de Flavigny, étant écuyer du duc de Beaufort, s'est distingué par son courage dans l'armée de Flandres commandée par Messieurs les maréchaux de Chatillon et de Brézé en 1635 et dans l'armée de Picardie commandée par le comte de Soissons, et qu'il a servi utilement au siège de Corbie en 1636, étant alors commandant des gardes du dit duc de Beaufort (*).

(2) Fonds Lacour, généalogiste du duc d'Orléans (Manuscrits de la Bibliothèque nationale).

en deuxièmes noces, par contrat du 8 juin 1659, par-devant Me Billecocq, notaire à Roye, à Catherine-Magdelaine *Oger de Cavoie* (1), fille née à Auvillers le 7 mars 1638 de Messire Gilbert Oger de Cavoie, chevalier, seigneur de Beaufort, Buet, Villers, Vraignes, Hencourt, Bouchoir, conseiller et maître-d'hôtel ordinaire du Roi, et de Magdeleine Aubéry (*),

dont, du premier lit :

1° Catherine-Françoise, mariée en premières noces, par contrat du 10 février 1677, par-devant Me Roger notaire royal à Chauny, à Bernard du Passage, chevalier, seigneur de Charmes, Fresnes, Méry, fils de François, chevalier, et de Anne de Flavigny ; en deuxièmes noces, à Louis de Hanocq, écuyer, seigneur de Danizy, le Travers, Quincy-Basse, fils d'Enguerrand, écuyer, seigneur des dits lieux, et de Marthe de Malartie ;

du deuxième lit :

2° Anne-Florimond qui suit ;

3° Philippe, chevalier, seigneur d'Aubermont, capitaine de cavalerie au régiment de Souatte en 1690, vivant encore en 1729 ;

4° Louis, page de la chambre du Roi en 1687 ;

5° Michel, chevalier, seigneur de Rémigny, cornette au régiment de Mobrai en 1690, vivant encore en 1713 ;

6° Jeanne, âgée de 24 ans et trois mois le 17 mars 1687, veuve le 18 avril 1713, de Paul-Léon de l'Age de Volude, chevalier, seigneur de Hanière.

---

(1) Par son testament en date du 28 janvier 1687, Catherine-Magdelaine Oger de Cavoie demanda à être inhumée dans l'église de St-Médard de Liez, auprès de son mari (*).

V Degré.

Anne-Florimond de Flavigny, chevalier, seigneur de Liez, Canlers, Aubermont, Remigny en partie et de Lanchères et Hurt près de St-Valery-sur-Somme, baptisé à Liez le 24 octobre 1660, capitaine au régiment des fusilliers du Roi, mort entre le 8 mars et le 10 mai 1697;

Marié par contrat du 15 janvier 1688, par-devant Me Léonor Cuveiller, notaire à Corbie, à Marie-Françoise *de Bains* (1), fille de feu Louis, chevalier, seigneur d'Aubigny, Lanchères, Ochancourt, lieutenant pour le Roi des ville et gouvernement de Corbie, et de Marie de Gaude (2), alors femme de Messire Gilbert II Oger de Cavoie, chevalier, seigneur de Beaufort, capitaine commandant des fusilliers du Roi;

dont :

1° Philippe-Florimond qui suit;

2° Charles-Louis, auteur de la deuxième branche, qui suivra page 236.

VI Degré.

Philipppe-Florimond de Flavigny, chevalier, seigneur de Liez, Remigny, Elincourt (près Cayeux), Lanchères et Aubermont, lieutenant-commandant des grenadiers à cheval de la garde du Roi en 1722, mestre-de-camp de

---

(1) Morte en 1694.

(2) En faveur duquel mariage lesdits seigneur et dame de Cavoie donnèrent à la dite future les terres, fiefs et seigneuries de Lanchères et Hurt situées près de St-Valery (*).

cavalerie, chevalier de Saint-Louis, né à Liez le 2 avril 1690. Il vendit à Claude, marquis de Saint-Blimond, les seigneuries et fiefs de Lanchères en partie, de Watiéhurt et Cornillon (commune de Lanchères) (1).

Marié en premières noces en avril 1713 à Marie-Charlotte *de Recourt*, née le 26 septembre 1694, morte le 12 novembre 1714 (2), fille de François, chevalier, seigneur du Sart, et de Anne Geneviève Le Carlier ; en deuxièmes noces, par contrat du 26 janvier 1722 par-devant Mes du Port et Le Prévost, notaires à Paris, à Suzanne-Eléonore *de Villemur*, fille de haut et puissant seigneur François, chevalier, seigneur de Rientort, lieutenant-général des armées du Roi, et de Eléonore-Suzanne Passard,

dont, du premier lit :

1° Marie-Françoise-Geneviève, prieure des dames religieuses aux Filles-Dieu de l'ordre de Fontevrault à Paris en 1780, née le 17 février 1714 (3) ;

du deuxième lit :

2° Philippe-François qui suit ;

3° Jean-Philippe de Flavigny, chevalier, né à Paris le 22 septembre 1729, mort le 17 décembre 1766, capitaine au régiment de dragons d'Autichamp, chevalier de St-Louis, marié à Paris, par contrat du 13 février 1765, à Marie-Charlotte Vincent, fille de feu Louis et de Thérèse-Françoise Fevrel,

---

(1) Voir Archives de la Somme B. 38 (registre) 1714-1722.

(2) *Tableau généalogique de la Noblesse* par le Cte de Waroquier, 1786, page 252 (Généalogie de Récourt).

(3) Voir *La Chesnaye des Bois*, 2e édition, t. XII, p. 41.

dont :

Philippe-Marie de Flavigny, chevalier, mort le 19 décembre 1766, inhumé dans le chœur de l'église de Liez.

VII Degré.

Philippe-François de Flavigny, chevalier, seigneur de Liez, Remigny, Elincourt, Aubermont, né à Liez le 15 décembre 1722 avec la qualité du haut et puissant seigneur, capitaine des dragons de la Reine en 1750.

Marié par contrat du 26 décembre 1750 par-devant Me Gérard, tabellion général en Lorraine résidant à Epinal, à haute et puissante dame Magdeleine *de Spada* (ci-devant chanoinesse de l'illustre chapitre d'Epinal, dont Gabrielle sa sœur était abbesse), fille de très haut et très puissant seigneur Messire Silvestre, marquis de Spada, conseiller d'Etat de Sa Majesté impériale, grand maître de la maison de la princesse Charlotte de Lorraine, et de feue Claude-Marguerite de St-Martin,

dont :

1° Athanase-Florimond qui suit ;

2° Antoine-Nicolas, dit *le chevalier de Flavigny* (1), enseigne de vaisseau à Toulon en 1779 ;

3° Anne-Charlotte, chanoinesse du chapitre de Saint-Goéric d'Epinal en 1787.

4° Aldegonde ;

5° Bernardine, chanoinesse d'Epinal en 1787 ;

---

(1) Etrennes de la noblesse 1780, par la Chesnaye au Bois.

VIII Degré.

Athanase-Florimond, marquis de Flavigny, chevalier, seigneur de Liez, Canlers, Aubermont, etc., avec la qualité de haut et puissant seigneur; capitaine de dragons au régiment de Chartres en 1785, chef de la légion de la garde nationale sédentaire du district, mourut le 10 février 1820 à Pierry près Epernay (Champagne).

Marié au château de Prin, paroisse de Seizy, par contrat du 21 mai 1785, à haute et puissante demoiselle Marguerite-Antoinette-Françoise-Catherine *d'Ambly*, fille de haut et puissant seigneur Jean-Antoine marquis d'Ambly, chevalier, seigneur de Prin, Lhery, Faverolles, Truton, comte de Richecourt, maréchal des camps et armées du Roi, commandeur de St-Louis, syndic de la noblesse de Champagne, capitaine commandant pour Sa Majesté la ville de Rheims, et de Marie-Catherine de Guyot;

dont :

1° Louis-Auguste-Athanase-Antoine-Marie de Flavigny, chevalier, etc., né à Liez le 2 février 1786, mort à Sempigny (près Noyon) le 11 août 1867, il fut le dernier survivant de sa famille et de son nom.

Marié en mai 1812, à Anne-Marie-Charlotte-Olympe Boileau de Maulaville, fille née à Chauny de Edme-François-Marie et de Antoinette-Edmée-Marie-Victoire Tavernier d'Heppe,

dont: trois filles, Flavie, Olympe et Angélina;

2° Ange-Charles-Antoine-Marie comte de Flavigny,

mort en 1847, marié à Alexandrine Boileau de Maulaville, sœur de la femme de son frère ;

dont : Angélie, mariée à M. d'Estrées ;

3° Antoine-Charles-Silvestre-Marie qui suit.

IX Degré.

Antoine-Charles-Silvestre-Marie marquis de Flavigny, né à Epinal le 31 décembre 1788 ; marié à Serzy, le 20 septembre 1812, à Aglaé-Marie-Joséphine *de la Vaulx*, née le 20 août 1786, au château de Pompierre, près de Neufchateau (Lorraine), fille du comte Charles-Nicolas-Joseph et de Marie-Louise d'Estourmel,

dont :

1° Alphonse-Ange-Silvestre, sous-lieutenant au 1er régiment d'infanterie légère, mort en 1834.

2° Adolphe-Louis-Ange-Marie qui suit ;

X Degré.

Adolphe-Louis-Ange-Marie de Flavigny, marquis de Flavigny, né à Rheims le 4 décembre 1816, mort à Abbeville le 31 mai 1844 sans alliance.

DEUXIÈME BRANCHE.

Comtes de Flavigny,

Seigneurs de *Charmes*, *Travecy*, *Verneuil*, *Canlers*, *Tournevelle*, *Villers*, *Tilloy*, etc.

VI Degré.

Charles-Louis de Flavigny, chevalier, seigneur de Charmes (près la Fère), né à Liez le 25 novembre 1691, mort à Charmes le 8 octobre 1741.

Marié par contrat du 28 avril 1713 par-devant Mes Morial et Fouquet, notaires au bailliage de la Fère et y demeurant et célébration du 1er mai 1713 à Charmes, à Marie-Magdelaine-Suzanne *du Chesne* (1), baptisée à Charmes le 8 mai 1696, fille de Mre Charles, chevalier, seigneur de Charmes, Verpillières, et de Magdeleine de Théis ; devenue veuve, elle s'est remariée à Charmes, le 28 mai 1743, à Anne-Louis de Tuffereau, chevalier, fils de Louis-Laurent, écuyer, et de Marie-Magdeleine Laumosnier (2), dont :

1° Charles-François qui suit ;

2° Charles, né à Charmes le 21 novembre 1717, baptisé le 27 décembre de la même année ;

---

(1) C'est en faveur de ce mariage que la dame de Théis donna à la dite demoiselle du Chesne, sa fille, la terre et seigneurie de Charmes (*).

(2) Anne-Louis de Tuffereau devint, par son mariage, le beau-père de sa sœur Marie-Magdeleine-Elisabeth-Louise, femme de Charles-François comte de Flavigny.

3° Marie-Charlotte-Louise, née à Charmes le 6 septembre 1714;

4° Marie-Suzanne, née et baptisée à Charmes le 3 septembre 1715;

5° Jeanne-Bernardine, baptisée à Charmes le 10 juin 1721, mariée à Charmes, par célébration du 29 janvier 1760, à Charles d'Ostalis, écuyer, colonel d'artillerie, directeur de Dunkerque en 1779, chevalier de St-Louis, né à Costar de Nismes en Languedoc;

VII Degré.

Charles-François comte de Flavigny, chevalier, vicomte du haut et bas Verneuil (près Dormans en Champagne), baron de Canlers, seigneur de Charmes, Travecy, Tournevelles, Villers, Tilloy (1), né à la Fère le 7 août 1731; page du Roi de la petite écurie en 1748, enseigne à drapeau au régiment des gardes françaises le 7 mai 1752, sous-lieutenant le 20 mars 1760, rang de colonel le 9 mai 1779, capitaine de grenadiers le 15 décembre 1782, maréchal de camp pour retraite le 1er mars 1791. Il fit les campagnes d'Allemagne de 1751-58-59-60-61 et 62 (2), fut détenu à Chauny comme suspect pendant la Révolution (3), devint maire de Charmes en 1802 et y mourut le

---

(1) En 1779, il reçut de sa mère donation de la seigneurie de Charmes, du fief Tilloy consistant en une pièce de terre de 30 journaux, sise à Gruny et Réthonvillers. (Archives de la Somme, B. 606 (régistre).

(2) Renseignements fournis au ministère de la Guerre le 8 novembre 1844 et signés par le Ministre et le Secrétaire général Martineau.

(3) Extrait de la deuxième liste officielle des détenus dressée par le

19 frimaire an XII (11 novembre 1803). C'est de lui que parle dans ses lettres Mlle Laurette de Malboissière qui s'étonne que l'on soit encore amoureux de sa femme après six mois de mariage (1).

Il épousa le 12 février 1762 Marie-Magdeleine-Elisabeth-Louise *de Tuffereau*, fille de Louis-Laurent, écuyer, et de Magdeleine-Louise Laumosnier de Travecy de Varesnes,

dont :

1° Anne-Louis-Jean qui suit;

2° Anne-Florimond, baptisé à Charmes le 6 juillet 1772;

3° Charles-Louis, baptisé à Charmes le 23 août 1774, mort le 3 janvier 1776;

4° Achille-Louis-Victor, né à Charmes le 2 octobre 1775, baptisé le 4 du même mois, mort le 6 avril 1776;

5° Magdeleine-Henriette-Louise, née le 25 avril 1765, morte avec son frère sur l'échafaud de la place du Trône, le 6 thermidor an II (24 juillet 1794) (2), mariée le 11 février 1786 à Messire Philippe-Léonard comte des Vieux,

---

district et portant la signature de Ch. Robert, agent national, à la date du 1er avril 1794.

« 3° Charles-François Flavigny 62 ans, sa femme 50 ans, et ses trois » filles Adélaïde 17 ans, Madelaine 26 ans, Julienne 27 ans, tous domi- » ciliés à Charmes; le père ci-devant maréchal de camp, aujourd'hui » cultivateur, en arrestation à Chauny comme noble. Observation : » très suspect, d'après l'avis du Comité révolutionnaire de La Fère, » ayant protesté contre la suppression de la noblesse, a fait faire une » chapelle chez lui en 1791. »

(1) Ces lettres ont été écrites de 1761 à 1766. Vol. in-12, 1866, p. 31. (Voir à l'*Appendice* la lettre à Mlle Méliand).

(2) Voir la note 3° de la page 245.

chevalier, seigneur de Servais, Deuillet, capitaine au régiment Colonel-général cavalerie, lieutenant-colonel au 8e dragons en 1790, fils de Estienne, chevalier, conseiller du Roi en ses conseils, président honoraire du Parlement de Paris, et de Marie-Thérèse du Cluzel;

6° Marie-Flavie-Cécile, née le 14 septembre 1766;

7° Adélaïde-Madeleine, née le 30 décembre 1767, détenue avec ses parents et deux de ses sœurs dans les prisons de Chauny pendant la Révolution (1); mariée à Charmes le 23 pluviose an VI (11 février 1798) à Antoine-Marie de Beffroy du Breuil, veuf de Louise-Angélique-Charlotte de Chartognes, morte en 1792, et fils, né en 1829 au château de la Grève, de Antoine-Marie, chevalier, seigneur de la Grève, de St-Marcel, d'Haudrecy et du Breuil, et de Anne-Suzanne d'Argy;

8° Anne-Charlotte, née le 18 mai 1769 à Charmes, mariée en premières noces à Maurice-Charles-André d'Astin, officier d'artillerie, professeur de l'école centrale à Soissons, détenu à Chauny comme suspect pendant la Révolution (2); en deuxièmes noces, à Nicolas-Guillaume baron de Marguerit;

9° Adélaïde-Berthe-Victoire, née à Charmes le 3 dé-

---

(1) Voir à l'*Appendice*, page 250, l'extrait des notes bibliographiques d'Edouard Fleury.

(2) Extrait de la 2e liste officielle des détenus, dressée par le district et portant la signature de Ch. Robert, agent national et la date du 1er avril 1794.

« 9° Dastaing, Ch. Marie, 27 ans, capitaine d'artillerie, et sa femme » Charlotte Flavigny, 24 ans, arrêtés comme nobles. Observation : » ledit capitaine a été obligé de quitter son régiment, on suppose que » c'est par incivisme. »

cembre 1776, détenue avec ses parents et deux de ses sœurs dans les prisons de Chauny pendant la Révolution (1), habitant à Stenay (Meuse), fut mariée en 1831 à Chrestien-Fréderic Beysser, lieutenant de gendarmerie en non activité, fils de Jean David et de Marie-Catherine Beysser, veuve en premières noces de N... Hippger;

10° Angélique-Françoise-Adélaïde, baptisée à Charmes le 18 janvier 1782 (2), morte le 9 novembre 1855, chez sa fille la baronne de St-Vincent, au château de la Pellonnière, commune du Pin-la-Garenne (Orne), fut inhumée à Abbeville au cimetière de N.-D. de la Chapelle. Elle avait été mariée le 9 vendémiaire an IX (2 octobre 1800) à Charmes, à Louis de Hémant, chevalier, fils de Claude, chevalier, maître ordinaire en la Chambre des Comptes, et de Elisabeth Brochant;

11° Marie-Cécile-Julienne-Sabine, née au château de Charmes en 1766, fut détenue avec ses parents et deux de ses sœurs dans les prisons de Chauny pendant la Révolution (3), puis demeura à Carignan (arrond. de Sedan) où elle mourut le 10 juin 1838; son testament est du 2 mars 1838 par-devant Me Henry, notaire.

VIII DEGRÉ.

Anne-Louis-Jean vicomte de Flavigny, chevalier, lieutenant au 2e régiment des gardes françaises en 1789,

---

(1) Voir la note 3 de la page 245.

(2) Elle eut pour parrain François-Joseph Le Lièvre, marquis de la Grange, et pour marraine Angélique-Adélaïde de Méliand, son épouse.

(3) Voir la note 3 de la page 245.

lieutenant-colonel d'infanterie commandant en chef l'artillerie du régiment des gardes, né à Charmes le 24 avril 1763, mort sur l'échafaud de la place du Trône le 6 thermidor an II (24 juillet 1794). (1) Il fut détenu, ainsi que sa femme pendant la Révolution dans les prisons de Chauny (2) et transféré à St-Lazare à Paris, puis condamné à mort comme complice d'une conspiration dans la maison de St-Lazare (3).

Il fut marié à Jeanne-Louise *de Breuilly*, fille de Pierre, écuyer, capitaine au corps royal d'artillerie, et de Marie-Louise-Françoise de Ronty,

dont :

1° Charles-Louis-Gustave, baptisé à Charmes le 9 janvier 1788, mort le 1er mai de la même année ;

---

(1) Voir l'histoire générale des crimes commis pendant la Révolution française, par Prudhomme, tome XV.

(2) Extraits de la 1re liste officielle des prisonniers politiques détenus à Chauny et dressée par le Comité de surveillance révolutionnaire le 23 mars 1794 (Archives de la mairie de Chauny) :

« 19° Jeanne Breilly, de Rouy, femme Flavigny, 24 ans, deux enfants » en bas âge qu'elle élève à sa maison ; détenue comme noble à Chauny, » vivant de son revenu qui s'élève de 4 à 5000 livres, opinions inconnues. »

« 20° Louis Flavigny, mari de la sus-nommée, 30 ans, également domicilié à Rouy ; détenu à St-Lazare, comme soupçonné de s'être trouvé » le 10 août aux Tuileries contre le peuple ; auparavant détenu à » Chauny depuis le 23 août, comme noble ; vivant de ses revenus, faisant valoir une manufacture de faïence ; relations, opinions et liaisons » inconnues. »

Louis Flavigny, 30 ans, et sa femme 24 ans, de Rouy, arrêtés comme nobles et internés, le mari à Chauny, puis à Ste-Pélagie, la femme à Chauny, puis à La Fère, par ordre du Comité de sûreté générale, fortune médiocre. Louis de Flavigny était, avant la Révolution, officier de gardes françaises.

(3) Voir à l'*Appendice* une note biographique d'Edouard Fleury.

2° Agathe-Pauline-Françoise-Louise qui suit;

3° Anne-Henriette-Philippine, mariée par contrat du 26 février 1817 par-devant Me Choisy, notaire à La Fère, à Pierre-François Brady, sous-intendant militaire, officier de la Légion d'honneur, fils de Jean-Baptiste et de Marguerite Jandy, dont suite. Elle vit encore à St-Nicolas-au-Bois, près St-Gobain, en 1884.

IX Degré.

Agathe-Pauline-Françoise-Louise de Flavigny, née à Charmes le 21 juin 1789, baptisée le 22, morte à Paris (6e arrond.) le 12 décembre 1878.

Elle s'est mariée le 6 mai 1810 au baron Jean-Marie Dubuart, colonel d'artillerie (1), né à Nogent-le-Rotrou le 24 novembre 1769 et mort à La Fère en 1837, fils de Marin Dubuard et de Louise Habat, dont suite.

---

(1) Voir *Almanach impérial* 1812.

APPENDICE.

LAURETTE DE MALBOISSIÈRE

Lettres d'une jeune fille du temps de Louis XV, 1761-1766.

Fragment d'une lettre écrite le 23 septembre 1762 à Mlle Méliand.

« Je vous trouve admirable, mon cœur ; M. de Flavi- » gny, dites-vous, est toujours amoureux de sa femme. » En vérité cet amour-là est bien tenace. A peine y a- » t-il six mois qu'ils sont mariés et s'aimer encore, après » avoir vécu si longtemps ensemble ! Ils deviendront » certainement un exemple pour la postérité. O ciel ! un » mari qui aime sa femme, c'est un prodige étonnant. » On a raison de nous marier jeunes, car je crois que si » l'on attendait un certain âge, on aurait bien de la » peine à se résoudre à prendre un engagement dans » lequel il est moralement sûr (ah ! pardon, j'oubliais le » presque) que l'on risque son bonheur et sa liberté.... »

NOTES BIBLIOGRAPHIQUES D'EDOUARD FLEURY (Extrait).

Le vicomte de Flavigny et sa sœur Marie-Henriette-Louise, femme du comte des Vieux, seigneur de Dœuillet et Servais, furent arrêtés à Charmes, emprisonnés à Chauny et de là tranférés à Paris, où ils furent enfermés à St-Lazare.

C'est dans cette prison que s'organisa, par le soin des agents terroristes du Comité de salut public, la prétendue conspiration d'évasion de la part de quelques détenus, avec le dessein non moins mensonger d'assassiner Robespierre.

De même que le Luxembourg, St-Lazare avait ses espions, un Italien et un ouvrier serrurier dont les dénonciations seulement suffirent à envoyer à l'échafaud près de deux cents personnes, précisément au moment où la chute de Robespierre allait faire chômer la guillotine.

Dans les derniers jours de messidor, le bruit que l'épurement de St-Lazare allait avoir lieu se répandit dans la maison, au grand effroi des détenus ; en effet, le 30 messidor et le 1er thermidor, quelques prisonniers furent conduits au Tribunal révolutionnaire. Les uns furent condamnés à mort, d'autres acquittés ; ceux-là étaient les espions et les dénonciateurs.

Le 5 thermidor (23 juillet 1794), les agents robespierristes annoncèrent que dans l'après-midi plusieurs détenus, prévenus du complot d'évasion, partiraient pour le Tribunal révolutionnaire ; en effet, vers quatre heures du soir, deux chariots escortés par la gendarmerie entrèrent dans la cour de St-Lazare, vingt-six prisonniers au nombre desquels étaient le vicomte de Flavigny et sa sœur furent appelés par les porte-clés et conduits au greffe où les attendait l'huissier du tribunal de sang.

Dépouillées de tout ce qu'elles possédaient, entassées sur les chariots, cette première fournée de victimes sortit pour ne plus revenir. Il y avait sur ces sinistres voitures un instituteur, un inspecteur des fournitures militaires, plusieurs prêtres, plusieurs dames nobles ; l'ex-abbesse de Montmartre; Madame de Montmorency-Laval, âgée de 72 ans ; M. Albert de Bérulle, premier Président du Parlement de Grenoble ; le jeune duc de St-Aignan et sa femme.

Le lendemain, le tribunal de Fouquier-Tinville les condamnait en masse à mort et le même jour 6 thermidor (24 juillet), la tête de ces vingt-six infortunés tombait sur la place du Trône.

Le vicomte de Flavigny était âgé de trente et un ans et sa sœur la comtesse des Vieux en avait vingt-huit.

Armoiries des Alliances de la Famille de Flavigny de Liez.

Du Puis porte : de gueules à 3 rustres d'argent.

Oger de Cavoie porte : de sable à la bande d'argent, chargée de 3 lionceaux de sable.

De Parthenay porte : de gueules, au chevron d'argent, accompagné de 3 besans d'or.

De Wallon porte : d'argent à la bande de sinople, chargée de 3 pommes d'or.

Du Passage porte : de sable à 3 bandes ondées d'or.

De Ligny porte : de gueules à une fasce d'or au chef échiqueté d'argent et d'azur de 3 traits.

De Martigny porte : d'argent au chevron d'azur accompagné de 3 roses de gueules.

De Hanocq porte : d'argent à 3 loups-cerviers de sable.

De L'Age de Volude porte : de sinople à l'épée d'or posée en pal, traversant un croissant de même en chef et acostée en fasce de 2 molettes d'or.

De Bains porte : d'argent au chef de gueules, chargé de 3 coquilles d'or.

De Recourt porte : bandé de vair et de gueules de 6 pièces ; au chef d'or.

De Villemur porte : d'azur à la tour d'argent, maçonnée de sable ; au lambel d'argent.

D'Ambly porte : d'argent à 3 lions de sable, lampassés de gueules.

Boileau de Maulaville porte : de gueules au demi-vol d'argent.

De la Vaulx porte : écartelé aux 1 et 4, d'azur à 2 truites adossées d'argent, écaillées de gueules, cantonnées de 4 croisettes recroisettées d'argent, au pied fiché d'or (qui est de Chiny) ; aux 2 et 3 de sable, à 3 herses d'argent (qui est de La Val ou de la Vaulx) ; sur le tout de sable à 3 tours d'argent 2 et 1.

Du Chesne porte : d'or à 2 lions de gueules, tenant une fleur de lys d'azur.

De Beffroy du Breuil porte : de sable au lion d'argent, lampassé et armé de gueules.

D'Astin porte : de gueules à la bande d'argent, cotoyée de 6 besans de même.

De Marguerit porte : de gueules à 3 quintefeuilles d'or.

De Hémant porte : d'azur à 3 merlettes d'or posées 2 et 1.

De Breuilly porte : d'azur au chef cousu de gueules, au lion d'or couronné brochant sur le tout.

Dubuart porte : coupé : au 1er parti ; à dextre, losangé d'azur et d'argent, chargé en abime d'une billette de gueules ; à senestre, des barons tirés de l'armée (qui est : à senestre de gueules, à l'épée haute en pal d'argent) — au 2e ; de sinople au crocodile passant, contourné d'or ; surmonté d'un comble cousu d'azur, chargé d'une étoile entre deux bombes, le tout d'argent.

AMIENS. — TYP. DELATTRE-LENOEL, RUE DE LA RÉPUBLIQUE, 32.

218

www.ingramcontent.com/pod-product-compliance
Ingram Content Group UK Ltd.
Pitfield, Milton Keynes, MK11 3LW, UK
UKHW021533260726
13993UKWH00004B/1972

9 782329 020938